AF447369

Manoel Roberto Assunção

AFFRONTA E VINCI GLI OSTACOLI

◆

NIENTE FA PAURA QUANDO SAI COME AFFRONTARLO!

EDIZIONI WE

Titolo originale: COMO SUPERAR OS OBSTACULOS
Mensagens de otimismo

Traduzione e adattamento di Simona Adivíncula
Revisione di Susanna Perego

Contatti
manoelrobertoescritor@gmail.com
s.adivincula@libero.it

Edizione in Portoghese
© 2020 MANOEL ROBERTO ASSUNÇÃO

ISBN 979-12-5497-003-4

Edizione in Italiano
©2021 Edizioni WE di Nicola Bergamaschi
Via Paulli 10/A – 26015 – Soresina (CR)
www.clickpertutti.com
www.edizioniwe.com
www.facebook.com/edizioniwe
www.instagram.com/edizioniwe
info@edizioniwe.com

PREFAZIONE
di Simona Adivíncula e Nicola Bergamaschi

- I -

Con enorme piacere, abbiamo deciso di tradurre e pubblicare questo libro per il pubblico italiano, perché conduce le persone attraverso un percorso di crescita personale che porta a quella libertà mentale necessaria per affrontare la vita con serenità.

Una vita serena, non è una vita senza ostacoli: una vita senza ostacoli non può esistere, una vita serena è una vita con ostacoli che vengono accettati e, poi, superati tramite la conoscenza di ciò che accade.

Leggete più volte quello che c'è scritto, prendete appunti e vedrete cambiare qualcosa dentro di voi; a quel punto, cose meravigliose accadranno!

PREFAZIONE
di Manoel Roberto Assunção

Nella nostra quotidianità incontriamo una serie di ostacoli e, se non c'è una buona disposizione da parte nostra, non andremo da nessuna parte, inciampando nella prima difficoltà che si presenta davanti a noi.

Da qui la necessità di analizzare i problemi, in modo che servano da lezione per la nostra crescita.

Se nel testo presentato non è possibile indicare la soluzione, almeno cerchiamo in modo semplice e amichevole di collaborare per aiutarci ad uscire da alcuni problemi della nostra vita, e crediamo che con una profond analisi, ci forniranno qualcosa di positivo che ci sorreggerà e da cui trarremo la forza necessaria per superare gli ostacoli della vita.

Affronta e Vinci
Gli Ostacoli

Dedico questo libro ai miei cari genitori,
Manoel Soares de Assunção e Maria Severina de Assunção, che
ci hanno protetto così tanto in tempi difficili,
e ai miei due fratelli, Carlinhos e Fernando,
che sono già partiti per un'altra dimensione,
lasciando una immensa nostalgia nei nostri cuori.

Aspetta il momento giusto

Se oggi non è stato come lo hai previsto, non è un problema, aspetta, lo sarà domani.

Quasi tutte le persone vorrebbero ottenere immediatamente quanto desiderano, come se ciò dipendesse esclusivamente dalla loro volontà, non considerando che è necessario che degli imprevisti si presentino affinché tutto si realizzi.

Si deve iniziare ora, ma è anche essenziale credere che un risultato positivo arriverà domani, perché nulla si fa da un momento all'altro; quando vogliamo che ciò accada, tutto crolla a pezzi.

Se oggi hai dato tutto ciò che potevi ma, pur lottando, non hai raggiunto il tuo obiettivo, non pensare che la guerra sia persa.

Il percorso per realizzare ciò che si cerca e si desidera comincia quando viene dato il calcio d'inizio: questa è la disposizione d'animo corretta per raggiungere la meta, non resta poi che aspettare il momento giusto.

La pianificazione è un altro passaggio molto importante per raggiungere qualsiasi obiettivo.

Inoltre, questo processo non dovrebbe essere legato a una scadenza temporale, con un termine stabilito entro cui realizzare ciò che è stato progettato Bisogna saper aspettare, facendo quanto necessario per lo sviluppo e il completamento del nostro piano, poiché ciò che conta di più è realizzare un obiettivo e non il tempo speso.

Generalmente vogliamo e addirittura pretendiamo di ottenere dal nostro lavoro un risultato immediato, come se esso dipendesse solo dalla nostra volontà e nient'altro fosse necessario per ottenerlo. Invece, la realtà è diversa, è richiesta una serie di fattori per arrivare al successo. Quindi, dobbiamo aspettare il momento giusto perché quello che non si è presentato oggi arriverà sicuramente domani.

La vita così com'è

Infelici non sono coloro che non hanno beni materiali e le cui aspettative vengono disattese, ma coloro che non vogliono affrontare la realtà della vita.

Quando ci capita di conoscere delle persone, osserviamo che la maggior parte di esse si lamenta continuamente, credendo in questo modo di cambiare la situazione in cui si trova. In realtà, così facendo, i loro problemi diventano pubblici e inducono, indirettamente, molti di coloro che li circondano a rallegrarsene.

Attraversare momenti difficili non è un fatto insolito, è una condizione inevitabile che interessa tutti, poiché, oltre a quella finanziaria, ci sono molte altre difficoltà.

Non avere beni materiali e non riuscire a raggiungere gli obiettivi pianificati non significa fallimento, né tanto meno infelicità, perché ciò che non puoi fare oggi, se lo vorrai, lo farai domani.

In realtà, ciò che ci causa problemi è il non voler passare attraverso qualcosa di negativo che si presenta nella nostra vita, pur sapendo che non sarà definitivo. Ciò che causa veramente dolore e sofferenza è il non voler affrontare la realtà della vita, il non accettare le cose come sono.

Attraversare situazioni critiche a volte ci fa bene, in questo modo ci risvegliamo, affrontiamo la realtà e analizziamo con accuratezza il problema che stiamo vivendo. Una difficoltà risolta oggi è la base che costruiamo per la soluzione di molti problemi futuri, dai quali nessuno è immune.

Potresti benissimo essere felice così come sei, hai solo bisogno di accettare e comprendere le difficoltà che si presentano. Se accolte nel modo giusto, ti garantiranno un buon punto di partenza perché tu cresca durante il cammino. Dopotutto, una realtà affrontata nel modo giusto preannuncia un futuro promettente.

L'avidità dell'uomo

*L'uomo ama la ricchezza,
sarebbe meglio amasse la vita e il prossimo.*

Al giorno d'oggi è comune vedere come l'essere umano lotti per aumentare la sua ricchezza, pensando che sia l'obiettivo più importante da raggiungere nella sua esistenza. Se questo non bastasse, usa la ricchezza anche per sopravanzare i suoi simili, come se da questo gli derivasse un gran vantaggio.

La vita non è solo gioia e piacere, che molti pensano di poter ottenere attraverso il denaro, è molto di più. È avere senso di responsabilità e di comunione con gli uomini, tendendo così all'unione e all'armonia tra le persone, offrendo possibilità di crescita a tutti. Sarebbe inutile progredire causando sofferenza agli altri.

Il denaro è un bene ma è necessario essere consapevoli che i soldi non sono tutto per l'essere umano, sono solo un accessorio della sua esistenza. La cosa più importante da avere qui sulla terra è la fede in Dio e nei principi morali fondamentali, perché nessuna ricchezza durerà se non è costruita su buone basi.

Fare progressi è fondamentale per tutti ma non esclusivamente in modo individuale come alcuni pensano e vogliono, perché nessuno sarà mai felice in mezzo a tante persone sofferenti a causa del disinteresse e del rifiuto di coloro che potrebbero aiutare così tanto.

Molti dimenticano di vivere usando bene il loro denaro, rifuggendo dalle regole fondamentali indispensabili per la loro elevazione spirituale e guardando solo ai piaceri materiali. Molte volte questa volontà sfrenata di godere delle loro ricchezze può essere causa di grandi mali, perché nessuna fortuna ti porterà la felicità se non se non ti poni al fianco dei tuoi fratelli.

Desiderare beni materiali è normale ed averli per tutti auspicabile in modo che, attraverso di essi, ciascuno possa provvedere al proprio sostentamento, cosa indi-spensabile per la sopravvivenza.

Desiderare però in maniera incontrollata questi beni materiali, facendoli diventare la cosa di più importante nella vostra vita, certamente non vi farà bene, perché l'uomo non trae giovamento solo dal denaro, ma so-prattutto della sua coscienza tranquilla e della sua pace spirituale, che sono superiori a qualsiasi obiettivo ma-teriale raggiungibile sulla terra.

La forza di una persona malata

Se la malattia è giunta,
trova forza in Dio affinché se ne vada.

Se sei malato non significa che il mondo, per forza, ti stia crollando addosso. Cerca di capire che la malattia è solo uno dei problemi che si presentano nella vita e, sicuramente, ne arriveranno altri per mettere alla prova la tua capacità di superarli.

La salute non si limita solo al perfetto funzionamento del corpo ma include anche il rapporto armonico dello spirito con il fisico, poiché questi devono essere in sintonia tra loro.

Tuttavia, se la malattia bussa alla tua porta non disperare, nessun malanno è sufficientemente forte da permanere quando il malato ha fede e forza per infrangere le barriere che sorgono lungo il suo cammino.

Essere ottimisti è la prima e principale medicina per ottenere la guarigione. Anche nel caso si ricorra a tutti i mezzi possibili per salvare una vita, le cure, pur riconoscendone la validità, non serviranno a nulla se il malato non crede nella possibilità di guarire.

Sappiamo che un paziente rassegnato è un paziente morto. Il Signore, quando ci ha inviato nel mondo, non lo ha fatto perché fossimo deboli e oppressi, ma, indipendentemente dalle circostanze, forti e tenaci, pronti a risolvere tutti i problemi con la voglia di vincere, perché quando vuoi tutto puoi.

La malattia maltratta e debilita il tuo organismo ma non deve indebolire la tua fede perché essa ti farà trovare la forza per superare il tuo dramma. Se ti rivolgi al Padre sarai aiutato, ricevendo flussi benefici e positivi per porre fine al male che ti affligge.

Ci sono persone che si lasciano travolgere da qualsiasi problema, arrivando anche a non credere più nella forza suprema del Creatore, come se Egli fosse debole come chi pensa ciò.

Ora, se nulla accade in questo mondo senza che il Padre lo sappia e lo permetta, come potrebbe non guarirlo? Quello che manca all'uomo, di fatto, sono la fede e il coraggio per affrontare tutti i mali della vita, ma, così facendo, non si salverà mai, perché il Padre stesso ha detto: "Fai la tua parte e io ti aiuterò".

La pacifica convivenza tra gli uomini

Se sei venuto al mondo
non è per seminare disordini e zizzania,
ma per goderti le cose buone che la vita ti offre.

Le persone vengono al mondo per amare, permettendo
così che la loro elevazione abbia luogo spontaneamente,
arrivando alla pace e alla tranquillità che sognano.
La vita è molto bella se comprendiamo il senso degli
avvenimenti quotidiani. Analizzandoli correttamente
facciamo del bene a tutti quelli che ci circondano, rendendo la nostra permanenza su questo pianeta più lunga
e piacevole in vista del successivo resoconto al Padre,
quando passeremo in un'altra dimensione spirituale.

È nostro dovere e obbligo morale contribuire al bene
dei nostri fratelli perché, così facendo, non solo offri-
remo amore agli altri ma ameremo anche noi stessi
molto di più. Come ha detto il Padre: "Ama il tuo
prossimo come te stesso". Qualunque sia il bene che
farai a tuo fratello, ne riceverai sicuramente il doppio
ma, per meritare la ricompensa, sii umile, non aspettarti di essere ricambiato.

La pace regnerà tra gli uomini se tutti condivideranno
un po' di quello che Dio ci ha insegnato. Potremmo ottenere un risultato soddisfacente se provassimo anche

solo a fare un decimo di quello che il Padre ci ha indicato. Quando Cristo è venuto nel mondo, ha piantato il seme dell'amore perché germogliasse e portasse del bene a tutti. Non ha mai discriminato le persone, tanto meno quelli che si professavano peccatori. Se ha piantato un seme così prezioso è nostro dovere annaffiarlo in modo che il frutto della bontà ricada su tutti noi, facendo sì che il mondo in cui viviamo sia pervaso dall'amore.

La pacifica convivenza tra uomini. Purtroppo, alcuni perseguono ancora il contrario, instillando odio e provocando guerre e disordini in quasi ogni parte del mondo, come se questo portasse loro del bene. Sarebbe invece molto più semplice e degno di lode distribuire amore e comprensione tra i propri simili, riempiendo così di gioia gli occhi del Creatore.
Noi però crediamo e abbiamo fede che questa tendenza verrà invertita e che gli occhi e il cuore dell'uomo si apriranno in modo che possa distinguere il bene dal male, al fine di usare la sua energia per il bene, rendendo il nostro mondo come il Padre l'ha sognato e lo vuole, perché solo a Lui è stato concesso il potere in cielo e in terra.

L'importanza della vita

Hai perso dei beni?
Ringrazia il Signore perché peggio di te sta chi ha
tanti beni, ma ha perso la gioia di vivere.

Sin dai tempi antichi gli esseri umani hanno cercato di acquisire fortune in modo da poter godere per loro mezzo di privilegi e vantaggi nella società in cui vivevano.

Sono passati migliaia di anni, nulla è cambiato: l'uomo continua ad agire nello stesso modo, pensando che il denaro sia la cosa più importante di questa vita, credendo che solo la ricchezza possa portare la felicità, trascurando così i principi fondamentali per essere felice.

Per alcuni il denaro è al di sopra di ogni altro bene, compresa la vita stessa. Lo dimostrano pensando che se qualcuno perdesse i suoi possedimenti, la vita non avrebbe più significato e la via d'uscita il suicidio, cioè che la vita non avrebbe senso con la scomparsa dei beni materiali.

Com'è triste vedere ancora persone di questo tipo, pronte a fare qualsiasi cosa per acquisire e conservare una fortuna spesso ottenuta versando il sangue degli altri, comportandosi come un demone durante la propria esistenza.

I fratelli non dovrebbero mai pensarla in questo modo, quando si sa che più importante della ricchezza è avere la coscienza pulita e potersi coricare sul proprio letto dormendo sonni tranquilli. Il denaro contribuisce alla felicità ma da solo non la porta a nessuno.

Se al momento hai perso dei beni, datti da fare per acquisirne altri, perché se vuoi qualcosa, lo ottieni. Se tutto è "buio", ricorda che anche la notte è nera, ma poi se ne va, lasciando il posto alla luce di un nuovo giorno.

Possedere beni materiali è meraviglioso, ma non è la cosa più importante al mondo. Se lo fosse, in che modo si potrebbe giustificare la presenza di alcune persone milionarie, ma infelici? Troviamo, invece, persone vicine a noi povere e umili, ma piene di gioia. Ciò dimostra che il denaro è un bene, ma non è tutto.

La forza di ciascuno

Hai perso il tuo partner, non la capacità di vivere,
quindi vai avanti.

Quando la sfortuna si affaccia alla tua porta portandosi via chi amavi e volevi al tuo fianco, non farti prendere dalla disperazione. Se questo è accaduto è perché lo ha permesso il Padre, quindi vai avanti.

La vita non è solo piacere e gioia ma è anche fatta di perdite e problemi, dobbiamo essere preparati. È certo che molte barriere si presenteranno lungo il nostro cammino, è il momento in cui ci sarà data l'opportunità di mostrare la nostra capacità di abbattere gli ostacoli. Solo superando le difficoltà l'uomo si affermerà vincitore.

Se non hai più un partner perché ti ha abbandonato o se l'è preso la morte, vai avanti. Hai perso il tuo partner, non la capacità di vivere; quindi, riorganizza la tua vita perché ti darà ancora tante cose belle.

Non sei venuto al mondo per vivere legato a una persona in particolare, dopotutto siamo nati soli, il che spiega perché siamo in grado di vivere dopo la perdita di una persona cara. Tutto ciò che serve è la meritoria consapevolezza della legge della natura, ossia che è necessario che qualcuno muoia perché altri nascano.

Andare avanti è più che una necessità, è il dovere di tutti. Codardo è colui a cui è stato concesso il privilegio di nascere e, per un qualsiasi motivo, perde il gusto e la voglia di vivere. Se in questo momento stai attraversando tale fase, alza la testa e credi in Dio, Lui ti manderà la forza per superare la tua perdita, il Padre aiuta sempre coloro che lo invocano.

L'amore e i suoi effetti

*Quando ti lamenti per un amore che se n'è andato,
ricordati che l'erba tagliata ricresce.*

Quando un legame d'amore viene spezzato alcune persone credono che ne rimarranno segnate per il resto della loro vita, soffrono per aver amato qualcuno invano e pensano che non ameranno mai un'altra persona con la stessa intensità.

Ora, sappiamo che non si ama mai troppo e nemmeno è uno spreco offrire questo sentimento sublime a qualcuno. Ciò che è stato fatto, in verità, è adempiere ad un comandamento di Dio.

Per quanto riguarda la preoccupazione di non trovare qualcun altro da amare e di cui fidarsi, essa non è coerente con la realtà dei fatti in quanto, sicuramente, arriveranno altri amori e anche più sinceri, cosa che non è avvenuta nella precedente relazione che, altrimenti, non sarebbe finita.

Inoltre, l'unico amore insostituibile è quello divino, al quale ci dobbiamo dare anima e corpo perché solo Lui ci completa pienamente.

Quando chi ami se ne va, cerca di capire e accettare la decisione presa, dato che nessuno deve essere costretto a stare al nostro fianco solo perché lo amiamo.

Sembra essere la "fine" quando un amore termina. Ti sbagli, la vita è solo all'inizio e ti sta offrendo l'opportunità di incontrare altre persone per imparare di più, poiché sicuramente acquisirai maggiore esperienza per essere in grado di affrontare meglio i problemi che si presenteranno. Nulla muore, tutto si trasforma e per l'amore non è diverso. Quando dai il tuo cuore a qualcuno e non sei corrisposto, non importa, trasferisci questo sentimento verso qualcun altro che possa ricambiare questa potente energia che fa vivere bene le persone.

Credere nella guarigione sentimentale è di fondamentale importanza per la tua felicità, essendo il primo e decisivo passo per ottenere un nuovo amore e continuare così il tuo cammino. Nulla ostacolerà l'essere complice di un'altra persona, perché l'amore non muore mai e, nella migliore delle ipotesi, verrà diretto finalmente alla persona giusta.

Fai oggi quello che desideri per domani

Inizia ora quello che vuoi ottenere domani, perché la vita stessa prima nasce e dopo cresce.

Per avere un futuro promettente è necessario investire nel presente, non solo finanziariamente, ma soprattutto nel piantare il seme di ciò che intendiamo raccogliere domani, poiché le fondamenta costruite oggi saranno la base del futuro.

Pensare di fare domani quello che puoi fare oggi non porta al successo. La regola dice che dobbiamo investire tanto al momento giusto per raccogliere più tardi, perché se seminiamo bene nel presente, nulla ci impedirà di avere un futuro migliore.

Alcuni sognano e vogliono avere un avvenire luminoso ma non investono nel presente; quindi, come potranno goderselo, se non hanno costruito nulla? Tuttavia, se ci credi e inizi a lottare ora per ciò che vuoi, allora arriverai a stringere nelle tue mani ciò che hai sognato.

Avere un futuro radioso è un diritto di tutti, ma, se non facciamo nulla, il successo non verrà mai raggiunto, poiché non cade dal cielo. È necessario ricercare ciò che si vuole, anche se significa fare il massimo sforzo, dato che sappiamo che è l'impegno a garantirci il successo.

Quando osserviamo la natura, possiamo ammirare un'infinità di animali e piante. Ci sono voluti milioni di anni perché tutto evolvesse e arrivasse a regalarci una flora e una fauna tanto meravigliose da riempire i nostri occhi di gioia.

Ora, se la natura, che è perfetta, ha impiegato tutto questo tempo, perché non lasciamo trascorrere quello necessario a costruire il nostro futuro?

Niente sarà come lo vogliamo se abbiamo fretta, è infatti necessario pianificare con calma tutto ciò che desideriamo ottenere. Ci dobbiamo impegnare oggi per ottenere quello che vogliamo domani, in questo modo, di sicuro quello che cerchiamo arriverà, altrimenti tutti i sogni crolleranno. Pertanto, non dobbiamo avere fretta di ottenere risultati soddisfacenti, ma dobbiamo iniziare comunque subito il nostro lavoro.

Per risolvere i problemi della vita occorre calma

Ti sei imbattuto nella sfortuna?
Niente panico, fermati a pensare e la soluzione arriverà.

Quando un problema bussa alla tua porta non disperare, ma cerca, con intelligenza e tutta la pazienza possibile, di studiare il modo più appropriato per risolverlo, poiché non solo così avrai la garanzia di poterlo superare ma anche la certezza che esso non tornerà.

Qualsiasi problema irrisolto provoca un grande dispendio emotivo, che a volte può portare perfino alla pazzia. Perché ciò non accada è necessario mantenere la calma e risvegliare il buon senso. Quando si agisce così la soluzione arriverà, perché i problemi non sono irrisolvibili né sono qui per restare.

Alcune persone poste di fronte a un ostacolo subito si spaventano e si lasciano prendere dal panico. Come se fossero in presenza di qualcosa di terrificante, pensano che non saranno mai in grado di risolvere la situazione. Come puoi agire in questo modo sapendo che così il problema peggiorerà e, di conseguenza, ne porterà molti altri?

Quindi, sii paziente quando agisci, tutto si risolverà e la tua tranquillità tornerà. Quando avremo risolto un problema in sospeso che ci stava angosciando, non solo porremo fine a questa situazione, ma ci scopriremo più forti nel momento in cui ci troveremo a risolvere gli altri ostacoli che si presenteranno.

Ogni problema risolto oggi è la chiave per un migliore domani. Se qualcosa ti sembra un caso senza speranza, persino una disgrazia, fermati e pensa che non c'è ragione per crederlo.

Prima di tutto perché sei forte e supererai ogni avversità; tutto quello che devi fare è credere in te stesso.
Ed infine, perché non c'è niente di così negativo che non possa essere superato. Del resto, Dio ci ha dato tutte le capacità necessarie, quello che dobbiamo fare è crederci e metterle in pratica.

Sii gentile con tutti

*Se sei felice dell'esistenza che conduci, vivi intensa-
mente e ricerca lo stesso per il tuo prossimo.*

Vivere serenamente è essenziale per raggiungere la felicità e far nascere la sensazione di benessere fra chi si
trova all'interno della società. Questo atteggiamento
dovrebbe interessare tutti coloro che ci circondano,
specialmente coloro che abitano con noi.

Ogni essere umano ha il diritto di essere felice in
quanto a ciascuno è stato concesso il potere di discer-
nere le cose buone da quelle cattive e di trarne il necessario beneficio per la sua realizzazione qui sulla
terra, insieme ai suoi fratelli, facendo del bene, senza
badare a chi.

È nostro dovere contribuire alla felicità degli altri perché mai potremo vivere bene tra la sofferenza di chi ci
sta intorno. Del resto, siamo tutti uguali davanti al Signore che ci aiuta in modo che insieme possiamo trovare la nostra realizzazione.

L'essere umano per essere appagato dalla vita non ha
per forza bisogno di possedere beni materiali, anche se
alcuni pensano che questi siano indispensabili per la sua
realizzazione. Si può benissimo essere sereni senza pos-

sedere alcuna ricchezza, perché essa aiuta ma, da sola, non porta la felicità a nessuno, perché non servirebbe a niente ritrovarsi ricchi di beni ma poveri di spirito.

Nonostante oggi vengano sperimentate tante difficoltà, fortunatamente troviamo ancora persone che non sono travolte dalla grande sofferenza e dall'angoscia della loro quotidianità ma stanno bene, sono soddisfatte della propria esistenza, rivelandosi estremamente ricche di serenità, requisito numero uno per trovare la felicità. Vivranno sicuramente meglio di chi, al contrario, ha delle ricchezze ma crede di poter vivere bene solo con ciò che possiede.

Vivete in perfetta armonia con i vostri fratelli affinché insieme possiate trovare realizzazione, ma se non fate nulla per dare gioia agli altri, la vostra felicità non durerà mai a lungo.

La critica

Se qualcuno ti critica, non scoraggiarti, interpretalo come uno stimolo, perché è il Signore ad essere stato criticato più di ogni altro, ma ha continuato a fare molto per coloro che lo biasimavano.

Criticare è facile, difficile è continuare a fare le cose che vengono stigmatizzate dai molti che si presentano come i detentori della verità ma non sono altro che semplici detrattori. Quando ben formulata la critica è di fondamentale importanza per permetterci di migliorare, contribuendo in grande misura alla buona riuscita di tutto ciò facciamo, connotandosi come qualcosa di essenziale per il nostro perfezionamento.

Tuttavia, se viene usata nella direzione opposta, mirando a danneggiare il fratello, i suoi effetti saranno devastanti per chi è criticato e crede a ciò che non dovrebbe ascoltare, oltre che inefficaci al fine del miglioramento.

Attualmente abbondano le critiche feroci che vogliono abbatterci in ogni modo, come se fossero una cosa naturale, ma non sono nient'altro che espressione dell'inaudita inferiorità di miserabili detrattori, con l'unico ed esclusivo obiettivo di distruggere la nostra autostima, gettandoci in fondo a un baratro di disperazione.

Affinché ciò non avvenga, è fondamentale essere consapevoli e preparati ad affrontare questi occhi malvagi che tanto ci tormentano.

Il vaccino è sempre stato indispensabile contro ogni grande malanno e, in genere, i suoi effetti sono stati efficaci nel contrastare il proliferare di malattie, le quali, se incontrollate, avrebbero arrecato effetti devastanti alle nostre vite; lo stesso vale per la critica distruttiva se non siamo preparati ad essa.
È già sufficientemente provato che gli effetti negativi della critica sono superiori a quelli di qualsiasi malattia sofferta dall'organismo.

Perciò, affinché il virus della condanna non vi raggiunga, è della massima importanza mantenere l'equilibrio emotivo, non ascoltando ciò che viene dal basso, ma cercando di trasformare le critiche in un ulteriore incitamento all'apprendimento, in uno stimolo a rafforzare la vostra volontà di raggiungere la perfezione. In questo modo si restituisce al detrattore qualcosa di positivo affinché si penta e inizi a vivere meglio, dopotutto, non si deve ricambiare con il male ma solo con le cose buone che Dio ha creato.

Solidarietà umana

*Hai raggiunto la pace che desideravi, ma se non fai
nulla per donare la felicità agli altri,
la tua pace non potrà durare.*

Essere felici è il primo obiettivo di tutte le persone, indipendentemente dal loro livello sociale; siamo tutti figli di Dio e tutti meritiamo qui sulla terra la pace sognata.

Lottare per il proprio benessere è fondamentale per tutti noi, ma dobbiamo anche scoprire un modo migliore di vivere insieme nella società, affinché uniti si possa trovare la gioia comune. Non saremo mai felici da soli e senza contribuire, come è giusto, al benessere degli altri.

Prosperare va benissimo, ma quanto varrebbe tutto il successo ottenuto se, con ciò, causassimo danni alle persone intorno a noi, portandole alla disperazione? Questo è molto comune ai nostri giorni, essendo messo in pratica da tante persone egoiste che cercano solo il proprio tornaconto e realizzano unicamente la loro idea di vita.

Una volta raggiunta la nostra pace, dobbiamo lottare senza risparmiaci per i nostri fratelli. Se lo faremo, potremo elargire a tutti ciò che il Padre ci ha donato e, di sicuro, non solo saremo più forti, ma anche il mondo in cui viviamo sarà migliore, regalando serenità a tutti.

Se abbiamo un parente con dei problemi nella nostra casa, questo, direttamente o indirettamente, influenzerà il resto della famiglia, mettendo a rischio la felicità di tutti.

La famiglia deve comunque mantenere l'autocontrollo per risolvere la situazione, senza logorare nessuno dei suoi membri, altrimenti la vita di tutti diventerà un inferno.

Se per un gruppo familiare ristretto è così, immagina cosa succede, in generale, tra le persone quando non c'è collaborazione! Aiutarsi è di fondamentale importanza per far trovare pace al fratello. Si sa che le persone appagate sono un mondo felice, da qui il nostro dovere di elargire parte del nostro benessere, che altrimenti non potrà durare.

La pace interiore

Se qualcuno non è contento di ciò che ha,
non sarà mai felice qualsiasi cosa ottenga.

Il lavoro ha grandissimo valore per l'essere umano, non solo dal punto di vista materiale, ma anche da quello psicologico e spirituale, contribuendo all'affermazione dell'individuo davanti ai suoi simili.

Crescere non significa essere superiori agli altri, al contrario, è sentirsi bene al pari degli altri e spendersi per la loro crescita. Attraverso il progresso di tutti si raggiungerà la felicità.

La felicità ci viene da dentro e non da qualcosa che si può acquistare, perché nessuno si realizzerà mai se non è limpido e puro nello spirito. Ancora una volta possiamo dimostrare che i beni materiali contribuiscono alla felicità ma, da soli, non la portano a nessuno.

Per essere felici è necessario credere in se stessi e cominciare ad accettare le cose come sono realmente, lasciando che il processo per raggiungere la pienezza si compia naturalmente, altrimenti non si arriverà da nessuna parte.

Pensare di accumulare denaro per essere felici è infantile. Si sa che non è possibile comprare la felicità ma che essa si acquisisce, di norma, in funzione della capacità di ciascuno di accettare i piani che gli sono stati riservati, perché se questi sono rispettati, la felicità è garantita. Quante persone nella nostra società non possiedono ricchezze e, ciononostante, sono soddisfatte e piene di gratitudine per la vita che conducono. Sono persone forti, consapevoli della realtà, che confermano così la capacità di ognuno di poter comunque essere felice, perché se non si è soddisfatti di quello che ha, non si sarà mai soddisfatti qualsiasi cosa si ottenga.

La rassegnazione di chi è rimasto

Per essere felici
è necessario far trovare pace a coloro
che hanno cessato di vivere.

Dobbiamo donare a tutti la pace, anche a coloro che non vivono più in questo mondo e che hanno bisogno di riposare in tranquillità per riaversi dal loro passaggio qui sulla terra.

Si presume che quasi tutti gli spiriti disincarnati attraversino un momento di turbamento e di nuovi adattamenti, principalmente nei primi momenti della loro transizione, dato che, tornando al loro precedente stato spirituale, tutto cambia.

Quando perdiamo un parente o un amico non dobbiamo accettare la sua scomparsa come se fosse qualcosa di anormale, non comprendendo le leggi della natura per le quali è necessario che si passi attraverso questo affinché il nostro spirito raggiunga una maggiore elevazione.

Alcuni, oltre a lamentarsi, arrivano persino a imprecare perché hanno perso qualcuno di loro conoscenza, asserendo che era troppo presto perché quella creatura si disincarnasse, cercando di piegare alla propria volontà il destino e, in modo indiretto, danneggiando colui che ci ha lasciato, perché è stato nostro Padre a permettere che se ne andasse.

Inoltre, dovremmo dire molte preghiere e non spargere lacrime, poiché queste porteranno solo inquietudine alla persona che è passata in un'altra dimensione spirituale.

Piangere e disperarsi per qualcuno che è morto non fa bene a nessuno, tanto meno a chi non è più tra noi, perché questa persona sta certamente meglio ora. Se tutto questo è accaduto, bisogna accettare i disegni di Dio con serenità.

Se lo farai, non solo ritroverai la pace, ma contribuirai al meritato riposo di quello spirito tanto amato che se n'è andato.

Fai del bene, non pensare a chi

Se il tuo prossimo non ti ringrazia per quello che ha ricevuto, non importa, continua comunque ad aiutarlo, sicuramente il Padre ti ringrazierà.

Non dovremmo mai fare qualcosa a beneficio di qualcuno con l'obiettivo di ottenere un riconoscimento, perché se agiamo in questo modo cessiamo di compiere un atto di solidarietà e diventiamo noi il centro del nostro interesse.

Aiutare un nostro fratello è più che un obbligo, è un dovere morale per tutti noi, poiché solo se siamo uniti raggiungeremo la perfezione e la conservazione della nostra specie, rendendo così proficui tutti i nostri sforzi e trovando insieme la pace.

Se aiuti gli altri, non aspettarti dei ringraziamenti, fai la tua parte come il Padre ci ha insegnato, senza pensarci, perché ciò che più conta è la carità elargita e non la riconoscenza ricevuta. Quindi, vai avanti facendo del tuo meglio per il bene del tuo prossimo, sicuramente verranno giorni migliori.

Scegliere le persone a cui fare del bene non è conforme a ciò che Dio ci ha insegnato, poiché dovremmo provvedere al bene di tutti, senza distinzione di sesso, razza o livello sociale e ancor meno di credo religioso. Dopotutto siamo qui per servire e non per fare distinzioni tra i nostri fratelli. Fare del bene non dipende solo da noi ma soprattutto da Colui che ci ha mandato e che ha creduto nel nostro potere di creare fratellanza e unione tra tutti coloro che sono qui.

Dobbiamo avere fede in Dio che ci ha reso simili a Lui affinché il mondo in cui viviamo diventasse migliore, senza tanta violenza e sofferenza.

Se contribuiamo al bene degli altri, certamente saremo migliori davanti agli uomini e agli occhi di Dio. In questo modo, faremo un servizio all'umanità, coprendo di gloria Colui che ci ha mandato.

La forza, il coraggio e l'unità dei fratelli

Quando incontri qualcuno che è angosciato, non cercare solo di alleviare quella sofferenza, ma, soprattutto, cerca di rendere più forte quella creatura in modo che possa risolvere altri problemi.

Tutti hanno qualche tipo di problema nella loro vita: alcune difficoltà sono più grandi, altre meno, ma difficilmente troveremo qualcuno senza questioni da risolvere.

Se siamo qui è per acquisire esperienza e capacità di superare ogni ostacolo e costituire le basi per continuare il nostro cammino alla ricerca di un futuro migliore, senza arrecare danno a chi ci sta accanto.

Aiutare un fratello a risolvere i suoi problemi è nostro dovere, così facendo dispenseremo amore e solidarietà al nostro prossimo, amore che tornerà duplicato a nostro favore se insieme a lui creeremo le premesse per superare altre difficoltà che potranno presentarsi.

Offrire una mano non è mai di troppo, vanno sempre aiutate le persone che hanno bisogno di trovare la pace e la forza per risolvere le loro difficoltà. Dobbiamo rendere i più deboli abbastanza sicuri da superare qualsiasi barriera che possa apparire nella loro vita, perché quando lo si vuole nulla è impossibile.

Risolvere solo le nostre difficoltà è un atto di egoismo e stoltezza, buttando via ogni creatività, poiché la nostra soddisfazione non sarà mai sostenuta se non contribuiamo anche noi a trovare la felicità degli altri.

Tutti passiamo attraverso delle difficoltà, esse non si risolvono con il pianto, ma con la forza, il coraggio e la determinazione di trovarvi rimedio. Non c'è niente che non abbia una soluzione, infatti, molte volte, manca solo la volontà necessaria per risolvere il problema; quindi, fate di tutto per superare gli inconvenienti della vita, camminando insieme ai vostri fratelli.

La forza, il coraggio e l'unità dei veri fratelli spesso mancano della volontà necessaria per risolvere il caso. Perciò fate di tutto per superare le difficoltà della vita, portando con voi i vostri fratelli.

La grandezza dell'amore

È bello donare amore alla propria famiglia,
ma sarà più gratificante estendere
questo sentimento a tutti coloro che ci circondano.

Amare è sempre stato l'atto più sublime di cui è capace l'essere umano, non importa l'occasione o a chi è diretto questo sentimento che ci procura tanto piacere.

Distribuire amore è offrire i frutti dell'albero del bene, venendo incontro alle necessità di chi ci circonda, contribuendo al reciproco arricchimento, di chi ha offerto amore e di chi lo riceve, perché solo così avremo una vita migliore.

La vita senza amore è come una pianta senza acqua, presto comincia a perdere il suo splendore e appassisce fino alla morte, lasciando al suo posto un grande vuoto, mentre lì potrebbe esserci una vita magnifica, che porta cose buone a tutti quelli che abitano nel mondo.

Quando costruiamo una famiglia, di solito vi ci dedichiamo interamente, offrendole tutto il meglio affinché possa svilupparsi in modo sano e gioioso in seno alla società, creando felicità condivisa tra coloro che amiamo così tanto.

Ora, se non è difficile, e tanto meno è impossibile, offrire a chi c'è più vicino questo sentimento positivo, perché non estendere questo atto d'amore a tutti indistintamente, affinché insieme si possa gioire e condividere una cosa così bella, seminata dal Padre e che oggi abbiamo l'obbligo di coltivare perché il suo germoglio non muoia e continui sempre a fiorire nel nostro cuore?

Non è sufficiente creare e avere una famiglia contenta e felice per raggiungere l'elevazione spirituale, è necessario andare oltre, condividendo questa gioia con gli altri, facendo la nostra parte affinché tutti possano raggiungere la perfezione, trasformando questo mondo in un luogo degno di essere vissuto, come il nostro Creatore lo aveva progettato e che per nostra inadempienza è rimasto un disegno non ancora realizzato.

Raccogliamo ciò che seminiamo

Qualunque cosa tu faccia di positivo per gli altri,
aspetta, te ne verrà restituito il doppio.

È normale cercare di progredire durante la nostra vita qui sulla terra, per godere delle cose buone che essa ci offre e assicurarci un benessere solido e duraturo.

Essere felici riveste grande importanza per l'essere umano in generale ma questo beneficio va esteso anche agli altri, del resto siamo tutti figli di Dio e meritiamo di godere degli avvenimenti positivi che ci capitano.

Collaborare per la crescita del nostro prossimo è fondamentale per sostenere le nostre conquiste; nel fare del bene ai nostri fratelli diventeremo più forti e più sicuri dei nostri progressi, in modo che insieme si possa raggiungere la perfezione.

Se si è seminato il male, certamente ne raccoglieremo in misura maggiore, ma se si è seminato il bene, esso ritornerà moltiplicato per aver accolto in modo adeguato tutti coloro che sono qui, facendo sì che il mondo in cui viviamo sia solo pace e armonia tra gli uomini, eliminando definitivamente il male dalla vita.

Infine, se vuoi una vita piena di soddisfazioni, cerca di aiutare tuo fratello a trovare la strada giusta per la sua crescita, perché agendo in questo modo offrirai amore e in cambio riceverai gioia.

La ricompensa

*I soldi vanno bene, ma sarebbe meglio se risolvessimo
i nostri problemi e quelli degli altri.*

Fare soldi è qualcosa di ambito da molti ma, a volte,
porta alla perdizione coloro che a tutti i costi vogliono
diventare ricchi, non importa in che modo, anche sapendo che per riuscirci devono danneggiare il proprio
fratello.

Il denaro è un bene se lo indirizziamo verso la realizzazione di cose positive a beneficio di tutti, altrimenti ci
procura un benessere momentaneo che si esaurisce con il
passare del tempo, perché non saremo mai felici da soli.

Del resto, come potremmo vivere in armonia nella società se possediamo noi tutte le risorse, lasciando gli
altri senza niente?

Cercare di aiutare nostro fratello è qualcosa di fondamentale importanza per la nostra stessa sopravvivenza e
lo faremo solo portando pace stabile e duratura a tutti coloro che vivono in questo mondo; la serenità non si raggiungerà mai se gli altri non stanno bene e se non dimo-
streremo che solo la solidarietà crea un mondo felice.

Non basta il desiderio di risolvere solo i nostri problemi, bisogna anche aiutare i nostri compagni, in modo
diretto o indiretto, a superare gli ostacoli, poiché sarebbe inutile vincere unicamente le nostre difficoltà,
trascurando quelle dei fratelli, perché sicuramente tutto quello che abbiamo costruito crollerebbe, facendoci
tornare al punto di partenza.

Da qui la necessità di crescere insieme, in modo che
uniti si possa godere delle cose belle della vita.

Vivi bene con quello che hai

Se credi di non avere quello che serve per vivere bene,
pensa a chi vorrebbe vivere
con quello che hai tu.

Essere soddisfatti della propria realtà è la più grande ricchezza che possiamo avere qui sulla terra, perché è grazie ad essa che vivremo in pace e armonia con tutti coloro che fanno parte della nostra esistenza, indipendentemente dal grado di parentela o di vicinanza delle persone che ci circondano. Solo in questo modo saremo felici e distribuiremo gioia a tutti.

Per realizzarsi nella vita non è indispensabile avere tutto quel che vogliamo a nostra disposizione ma è necessario essere umili e accettare le cose come realmente sono, accontentandoci di quello che abbiamo e di quello che potremmo, eventualmente, ricevere. In fondo, abbiamo molto di più di quello che meritiamo e se non fosse per la generosità del Padre saremmo tutti perduti.

Se non siete contenti di quello che avete non potrete mai sentirvi soddisfatti di quello che otterrete in più, perché la realizzazione non viene dai beni materiali ma da un ego perfetto e da una coscienza tranquilla. Questi vi daranno più gioia e benessere di qualsiasi ricchezza materiale accumulata.

Quando ti chiedi perché sognavi qualcosa che fino ad oggi non sei riuscito a realizzare, non scoraggiarti, dopotutto la vita non è ancora finita e puoi ancora realizzare i tuoi desideri. Tutto ciò di cui hai bisogno è una buona dose di pazienza e perseveranza nel cammino verso ciò che vuoi ottenere.

Se in questo momento non hai quello che volevi, ricordati che domani lo avrai, dipende però dalla tua volontà di superare gli ostacoli della vita. Ma se non lo ottieni, pensa a chi, anche senza sicurezza finanziaria, è in pace e non vincola la sua felicità ad un risultato inseguito ciecamente.

Il vero amico

Un vero amico non è solo chi sta bene in tua presenza ma chi, prima di ogni altra cosa, contribuisce alla tua felicità e se ne rallegra.

Avere amici è fondamentale per andare d'accordo con tutti coloro che ci circondano, è attraverso l'amicizia che regnerà la comprensione tra tutti.

Comunque, avere amici è molto di più: è condividere qualsiasi cosa con tutti coloro che compongono il nostro mondo.

L'amico non è solo colui che ci ascolta e ci parla. È soprattutto colui che ci capisce, offrendoci una parola saggia di conforto quando ne abbiamo bisogno, diventando così parte della nostra famiglia.

L'amico, oltre a rischiararti il cammino verso il bene, accresce notevolmente anche la sua luce, poiché facendo spazio agli altri amplierà il proprio e con un solo gesto aprirà l'orizzonte della felicità a tutti.

Il vero amico non si accontenta solo della nostra presenza, esige molto di più, obbligandoci a presentarci a lui felici e pieni di gioia, perché questo lo contagerà, rendendo l'incontro più piacevole per entrambi. Un amico felice è una stella in più che brilla su di noi.

L'uomo per natura è un essere eminentemente sociale, da qui la necessità di avere amici, perché soli non saremo mai felici.

Tuttavia, dovremmo lavorare su queste amicizie, in modo che nessun inconveniente giunga a recarci danno. L'amicizia è tanto importante quanto avere una vita equilibrata in seno alla società, insieme ci porteranno molte cose buone.

Serenità e problemi

Non bisogna mai preoccuparsi, non vale la pena soffrire tanto quando con la calma tutto si risolve.

Al giorno d'oggi è frequente per alcuni di noi affrontare una serie di problemi che potrebbero danneggiarci irreparabilmente se non li si fronteggia in tempo, anche causando la morte di colui che sta attraversando tale situazione.

Quando un problema bussa alla tua porta, non farti prendere dal panico, cerca con serenità e saggezza di risolverlo, perché non è mai esistita né esisterà mai alcuna difficoltà che non possa essere superata. Tutto ciò che serve è la tua volontà e il giusto modo di affrontarla, dato che il problema permane o si risolve in base alle nostre capacità.

Se ci sono persone incapaci di risolvere gli ostacoli che si presentano nel corso della loro vita è perché non hanno ancora scoperto il potenziale di saggezza accumulato in loro stessi, limitandosi solo a sfruttare le capacità degli altri, come se fossero un parassita ospite nel pensiero altrui, atrofizzando così la propria intelligenza.

Le difficoltà scompariranno così come sono apparse se cerchiamo il giusto modo per combatterle. È fondamentale però l'uso della calma, perché attraverso essa scopriremo gli altri elementi necessari per il superamento di qualsiasi ostacolo possa apparire lungo il nostro cammino, e sappiamo che ce ne saranno molti. Tuttavia, se ben esaminati, tutti i problemi saranno risolti perché il Padre ci ha dato la forza necessaria, tutto ciò che serve è la nostra volontà.

Il potere della parola

Quando parli fai attenzione a come usi le parole,
poiché queste possono esaltare o ferire
la sensibilità dell'ascoltatore

Quando ci rivolgiamo a qualcuno, occorre porre la massima attenzione all'uso delle parole dato che queste possono salvare ma, se usate in modo improprio, possono anche causare la fine di chiunque, inducendo l'ascoltatore a togliersi la vita.

Parlare bene è importante, ma parlare di cose belle è molto più interessante. Attraverso le parole riempirai positivamente l'ego di chi ti sta ascoltando, portandogli pace e tranquillità, che, in un certo senso, regaleranno a tutti molto benessere.

Per ferire qualcuno non è necessario avere in mano un oggetto contundente, perché le parole, se sono pronunciate con cattiveria e con l'obiettivo di denigrare chi le ascolta, possono arrecare danni anche peggiori.

La parola ben usata serve come conforto, allevia i pensieri di chi è turbato, ristabilisce la sua tranquillità e rende l'ascoltatore più forte mentre continua suo viaggio. Una buona parola è quindi indispensabile a qualsiasi essere umano per la sua crescita.

Leadership e crisi sociale

Se la crisi che oggi affligge l'umanità non è affrontata con unità e fraternità da coloro che in un modo o nell'altro possono contenerla, allora sì che i suoi effetti saranno devastanti.

Sentire costantemente parlare della crisi finanziaria mondiale è comune al giorno d'oggi, dato che veniamo a conoscenza attraverso i notiziari delle difficoltà che la gente in tutto il pianeta sta attraversando, senza un tetto sulla testa e senza l'essenziale per il sostentamento dei propri figli.

Così come veniamo informati di questa catastrofe, sappiamo anche delle ricchezze spese dalle grandi potenze mondiali per realizzare armi potentissime, capaci di spazzare via in pochi minuti gli esseri viventi di questo pianeta, mentre queste somme dovrebbero essere utilizzate per porre fine alla fame e alla miseria che affliggono l'umanità.

Nonostante la situazione caotica in cui ci troviamo, è ancora possibile una soluzione. Essa richiede solo di essere uniti a livello mondiale per ricercare una vita dignitosa per tutta l'umanità.

Deve essere creata una catena di solidarietà e fraternità tra gli uomini, soprattutto per mezzo di coloro che dirigono l'economia e i più potenti di ciascuna nazione, non solo in senso politico ma, soprattutto, in senso socioeconomico, oltre che grazie all'indispensabile appoggio dei leader mondiali. Ridurre o addirittura porre fine alla sofferenza degli altri è nostro dovere, perché come potremmo essere felici accanto a coloro che soffrono a causa di un'assoluta mancanza di coscienza da parte nostra?

Si sa che con il supporto e la solidarietà, le cose tendono a normalizzarsi, procurando, in modo generale, il benessere a coloro che vivono su questo pianeta.

Incoraggiare è il modo migliore per collaborare

In nessun caso si deve scoraggiare qualcuno
dal portare avanti il suo tentativo di fare progressi;
se non puoi collaborare, non far loro mai del male.

L'obiettivo principale di quasi tutte le persone è quello di ottenere il successo lungo il loro cammino, ritenendo che questo sia il fattore principale per raggiungere la felicità e tale iniziativa dovrebbe essere rispettata da ciascuno di noi.

Contribuire alla crescita dei nostri simili è una necessità per tutti se si vogliono allargare gli orizzonti e raggiungere lo sviluppo dell'umanità in generale, poiché attraverso questa collaborazione avremo maggiori possibilità di vivere in un mondo migliore, senza tante disuguaglianze sociali.

Se per caso sei interpellato da qualcuno su un certo progetto, cerca di aiutarlo in modo sincero e amichevole a risolvere i suoi dubbi, in modo che possa realizzare il suo obiettivo e raccogliere i risultati positivi dell'iniziativa per la quale ha lavorato tanto.

In fondo, il successo del prossimo sarà anche il nostro successo.

Ciò che vorresti per te, auguralo al prossimo

*Aiuta il più possibile, perché otterrai la piena felicità
solo quando renderai felici i tuoi simili.*

Al giorno d'oggi è comune imbattersi in persone piene
di problemi, messe in situazioni difficili da drammi
più grandi dei nostri. Rendendoci conto di questo, sco-
priamo che le nostre difficoltà sono solamente un altro
gradino da superare per salire la scala della vita.

Tutti passano attraverso qualche tipo di disagio ma se
uniremo le forze i problemi saranno risolti e, in generale, tutti ne beneficeranno più velocemente e con
meno fatica, perché l'unione fa forza e permette alla
molla propulsiva del successo di scattare, portando un
miglioramento a livello globale.

Se, però, ci allontaniamo dagli altri, gli ostacoli diventeranno più difficili da superare e la realtà più com-
plessa da gestire, rendendo ancora più complicata la
soluzione della questione aperta. Sulla base di questo,
dobbiamo unirci in modo che insieme possiamo trovare la felicità.

Volere è potere

Tutto ciò che desideri nel limite del possibile,
avendo fede, lo otterrai.

Non dobbiamo mai, mai essere pessimisti. Questo tipo di atteggiamento ci causerà solo danni mostrandoci deboli e sconfitti di fronte all'umanità.

Volere è potere, questa è la regola dei vincitori; quindi, non c'è nessun segreto per raggiungere il successo, dipende solo dalla nostra forza di volontà superare gli ostacoli della vita.

Credere in se stessi è regalarsi il passaporto per il successo, indipendentemente da qualsiasi circostanza, perché quando lo si vuole tutto si ottiene, tranne l'impossibile.

Nel corso della vita, per la riuscita di qualsiasi impresa, dobbiamo riporre in noi stessi tutta la fiducia possibile per iniziare la sfida con la sicurezza di vincere, elemento indispensabile per la nostra crescita e di conseguenza per la realizzazione di ciò che tanto desideriamo; altrimenti tutto andrà in frantumi, seppellendo ciò che un giorno abbiamo sognato tanto e che non si è realizzato per inettitudine da parte nostra.

Perdonare con amore

Se qualcuno ti ha offeso, non limitarti a perdonare ma cerca di capire, trasformando l'offesa in amore.

Perdonare è un atto estremamente nobile e caritatevole da parte della persona offesa, un atteggiamento ammirevole e apprezzato da tutti, oltre che degno dell'immancabile approvazione del Signore, che ci indirizza solo verso la via del bene.

Che senso avrebbe rispondere alle offese non facendo così altro che contribuire al degrado del mondo e alla scomparsa della specie umana, generando ancor più caos a livello sociale e rendendo impossibile la nostra sopravvivenza? Sarebbe un'assurdità da parte nostra volere il peggio quando potremmo fare il meglio per il bene di tutti, soprattutto per la nostra felicità.

Se qualcuno ti ha offeso, certamente questa persona non stava bene. Una persona equilibrata non fa mai del male a nessuno, perché nella sua mente e nel suo cuore c'è solo amore da distribuire ai suoi simili, stabilendo un forte e duraturo legame di fratellanza tra gli uomini.

Stare bene significa distribuire amore al prossimo, ponendo attenzione a tutte le imperfezioni che si presentano e che dovranno essere cambiate per il bene di ognuno, purificate e utilizzate a beneficio dell'umanità.

Un'offesa ricevuta oggi va trasformata e restituita in amore domani al fine per poter vivere in completa armonia con i nostri fratelli, ottenendo come principale ricompensa la felicità generale di tutti coloro che abitano qui.

La forza e l'ottimismo di ciascuno

Non c'è mai stato né ci sarà mai alcun problema che non possa essere risolto. Perciò, se non trovate più la forza di superarli, chiedete al Padre ed Egli ve la manderà.

Così come sorgono, le difficoltà scompaiono, abbiamo bisogno solo della nostra forza di volontà per superare gli ostacoli della vita, dopotutto siamo più forti noi e dobbiamo porci al di sopra di qualsiasi male ci venga incontro.

Chi non vuole soffrire, non dovrebbe meritare di vivere, dato che si sa che questo cammino è fatto di prove ed espiazioni per l'elevazione spirituale di ognuno, e ci viene data la possibilità di migliorare o di regredire a seconda di quello che facciamo o non facciamo qui sulla terra.

Se in questo momento attraversi qualche difficoltà, ricordati che domani è un altro giorno e, certamente, ti accorgerai che col tempo questa afflizione non avrà la stessa intensità negativa di prima, perché il Padre illuminerà la tua mente affinché tu possa trovare la soluzione migliore, mettendo fine una volta per tutte a questo tormento, perché Egli ha detto: "Chi crede in me non soffrirà".

Un problema irrisolto non è mai esistito né esisterà mai, c'è sempre una via d'uscita, basta rimanere calmi, convincendosi che l'esito positivo arriverà, non importa il tempo impiegato. Ognuno però deve essere pronto ad aspettare il momento giusto, perché chi non sa aspettare, non sarà mai un vincitore.

Rinnovamento globale

*Il rinnovamento non consiste solo nella nostra trasfor-
mazione ma, soprattutto, nella capacità di cambiare
in meglio gli altri.*

Voler cambiare in meglio è il primo indispensabile
passo per la nostra ascesa morale e spirituale, perché
in questo modo instaureremo una relazione più soddisfacente con Dio e con i nostri fratelli.

Vivere senza contribuire alla crescita del prossimo è
come nascere in un mondo bello ma disabitato, senza
le condizioni adatte per vivere serenamente, perché la
felicità non è qualcosa di cui godere individualmente,
ma in modo collettivo, condividendola con tutti quelli
che ci circondano.

Non appena ne prenderemo coscienza, il mondo certamente cambierà, offrendoci tutto il bene donatoci dal
Padre, serve solo vedere meglio, cosa che avverrà unicamente con il rinnovamento delle persone, altrimenti
la felicità ottenuta sarà passeggera.

Sarebbe inutile che noi ci trasformassimo se non agis-
simo anche sugli altri per spingerli verso un graduale
mutamento del loro modo di essere, mirando così al
miglioramento di tutti coloro che vivono qui e intendo-

no essere felici. Solo con l'armonia e la concordia otterremo ciò che tanto desideriamo, cioè il rinnovamento dell'essere umano.

L'importanza della pianificazione

Dobbiamo volere, perché questo significa potere, ma non avere pretese smisurate, dato che queste ci porterebbero solo alla perdita della ragione.

Di solito tutti, o quasi, hanno delle aspirazioni nella vita, ciò si caratterizza come un fatto normale, elogiato anche da coloro che sanno cosa vogliono nell'ambito del possibile, senza compromettere la ragione e i loro stessi interessi.

Volere è potere, ma questa affermazione vale solo per le situazioni reali e non per quelle impossibili, che portano il soggetto agente ad una perdita di controllo psicologico ed emotivo, a volte anche alla rovina della sua stessa vita, conducendolo su una strada senza ritorno.

Per raggiungere un certo obiettivo è essenziale fare una corretta analisi di tutto ciò che si intende realizzare, soprattutto quando si vuole ottenere qualcosa di fondamentale importanza per la propria vita. Se non c'è pianificazione, qualsiasi ostacolo appaia sul proprio cammino sarà più difficile da superare.

Il diritto di prosperare è concesso ad ognuno di noi; tuttavia, solo una piccola parte della popolazione ha la forza di volontà necessaria per farcela, superando tutte le barriere. Invece, basterebbe che tutti avessero fiducia, l'ingrediente indispensabile per raggiungere il successo in qualsiasi impresa.

Il potere e la solidarietà

Il potere ti è stato dato per aiutare,
non per farti grande davanti ai tuoi fratelli.

Trovare persone arroganti è comune al giorno d'oggi, anche se la maggior parte di loro ha ricevuto, in modo diretto o indiretto, il potere dal popolo con l'incarico principale di servire le masse.

Essere un leader non significa essere né migliore né onnipotente, al contrario, un leader dovrebbe avere, prima di tutto, spirito di servizio ed empatia verso i suoi fratelli per svolgere al meglio, qualunque sia la posizione occupata, la funzione che gli è stata affidata, poiché è destinato a perdere la carica raggiunta se non risponde alle loro attese.

Usare il denaro a proprio favore con l'obiettivo di primeggiare davanti agli altri, pensando di essere al di sopra di tutti, certamente non porterà a nulla di buono. È necessario capire che questo modo di pensare procurerà solo delusioni, perché una persona non potrà mai diventare migliore senza contribuire anche alla crescita degli altri.

Se il successo è venuto da te, non è accaduto per portarti sofferenza, tanto meno per causare problemi agli altri, ma è arrivato per donarti il benessere e, di conseguenza, portare beneficio anche agli altri in modo concreto. Offrire a tutti la possibilità di una vita dignitosa non significa che tu debba distribuire denaro, ma offrire delle opportunità tali che anche i tuoi fratelli possano godere di una vita migliore.

La legge e la comprensione dei popoli

*Non arriveremo mai a niente se durante la nostra vita
non cerchiamo di conoscere e comprendere
il nostro prossimo.*

Essere in armonia con i nostri simili è qualcosa di imprescindibile per conseguire una buona maturazione e raggiungere una convivenza felice e duratura con tutti coloro che compongono la nostra società, facendo così parte di una comunità positiva, piena di pace e felicità.

Se non cerchiamo di vivere in armonia con i nostri fratelli, non arriveremo mai a nulla, così come la nostra stessa crescita risulterà compromessa in assenza della giusta sintonia fra coloro che abitano la nostra casa. Solo comprendendo questo l'umanità si eleverà spiritualmente.

L'umanità necessita per la sua crescita anche della legge e della conoscenza dei popoli, essendo questi fattori indispensabili per una buona formazione delle persone, da cui ne deriva ciò che è essenziale per la costituzione della realtà sociale.

I danni dell'alcol

L'alcol non danneggia solo il corpo ma anche il carattere del consumatore causandogli problemi psicologici senza pari.

La droga, in generale, danneggia moltissimo chi ne fa uso, oltre a causare danni irreparabili alla società. Il suo abuso porterà solo sofferenza e disperazione a tutti coloro che attraversano il suo cammino.

L'alcool è una droga come qualsiasi altra, con una sola differenza: non ci sono leggi che ne vietano la vendita, tranne che ai minori, ma questo obbligo non viene quasi mai rispettato. C'è un atteggiamento permissivo da parte delle autorità e dei venditori, nonostante tutti sappiano che i suoi effetti negativi sono devastanti, portando alla dipendenza e alla distruzione totale di coloro che lo consumano.

Oltre a causare innumerevoli danni alla salute, provoca anche un grande logorio a livello morale, psicologico e sociale, gettando l'alcolista "in fondo al pozzo" tanto che, il più delle volte, non riesce a riabilitarsi, finendo in totale disgrazia.

Per rilassarsi e uscire dalla routine quotidiana non è necessario assumere bevande alcoliche; è molto più piacevole fare visita ai nostri parenti e amici e parlare con loro. Ci sono altre alternative, come leggere un buon libro, praticare sport, ecc. Bisogna colmare il nostro io in modo positivo, cosa che non otterremo mai con il bere. È noto che l'alcol provoca solo un grande stordimento, fisico e morale.

Lo splendore naturale di ognuno

Non cercate di mostrarvi più di quel che siete, perché, se lo farete, la vostra luce verrà offuscata e nessuno più vi vedrà splendere come prima.

L'essere umano dovrebbe presentarsi agli altri così come è realmente e non come vorrebbe essere, perché qualsiasi potenzialità si esprimerà a tempo debito e non è bene che si precorrano i tempi, presentando ciò che non si è ancora realizzato.

Essere spontanei è un obiettivo fondamentale per ottenere il riconoscimento da parte delle persone, perché è così che il nostro primo e indiscutibile valore sarà rivelato mentre gli altri emergeranno naturalmente secondo le proprie capacità e volontà; quindi, non dobbiamo affrettarci nel voler comunicare agli altri ciò che ancora non siamo.

Quando si vuole costruire eccedendo rispetto alla struttura progettata, il crollo è inevitabile, portando il costruttore ad affrontare gravi conseguenze, persino all'autodistruzione, poiché nessun uccello ha mai volato più alto delle sue capacità.

Vivere in accordo con la realtà è un bisogno prioritario per tutti noi, evitando le fantasticherie che ci causeran-

no solo dolore e delusione per cose indebitamente rea-
lizzate; esse servono solo a gettarci in una forte depressione, causando danni irreparabili alla nostra coscienza.

Droghe - Frustrazione e distruzione

Se cercate di raggiungere qualcosa sotto l'effetto della droga, non ci riuscirete mai e vi sentirete fortemente depressi quando l'illusione svanirà.

Inseguire i sogni sotto l'effetto di droghe è volere l'impossibile, in quanto è noto che non si arriverà mai a niente se non alla perdizione, mettendo fine alla propria vita.

Quante persone in tutto il mondo consumano droghe credendo che questo procurerà loro una sensazione di benessere, pensando che i problemi da affrontare diventeranno così più facili da risolvere.

Ora, come potete risolvere un problema mettendo più energie negative attorno a voi? Sicuramente questo aggraverà maggiormente la questione irrisolta, gettandovi, per così dire, in una situazione da incubo, che in molti casi si trasformerà in una via senza ritorno.

Se volete vincere, combattete con le vostre energie sostenute dalla grazia del Signore. Non ci sarà mai alcuna difficoltà che non possa essere superata e sarete abbastanza forti per risolvere tutto. Non preoccupatevi di eventuali ripercussioni future. È inutile scappare dalla realtà, gettandosi in un mondo di illusioni, perché prima o poi il sogno finirà per farvi ritornare a sofferenze ancora più grandi, danneggiando così tanto il vostro essere che, in alcuni casi, non sarete nemmeno più in grado di svegliarvi. Quindi, navigate con le vostre forze e mai con il potere di un combustibile nocivo che vi rovinerà ancora di più.

Verso il successo mano nella mano

*Quando uno ha successo ma rinnega suo fratello,
addolora il Padre.*

Voler vivere è il primo e più importante passo della nostra esistenza, poiché attraverso esso compiremo tutti gli altri fino a raggiungere la nostra realizzazione. Dovremmo fare lo stesso affinché anche nostro fratello trovi questa strada e insieme a lui tracciare la rotta verso la felicità.

Aiutare il prossimo è più di un dovere, è un obbligo morale per chi vuole che le persone si realizzino, progettando così un mondo migliore dove tutti possano vivere con dignità, traguardo che può essere raggiunto solo se gli uomini e le donne si tengono per mano.

Far crescere gli altri è volere il meglio per se stessi, significa diventare più forti sommando i progressi degli altri ai propri. Sicuramente si darà vita, in modo diretto o indiretto, a molte cose positive per la propria comunità, a beneficio di tutti.

Avrebbe poco o nessun valore raggiungere il successo lasciando gli altri indietro, perché non saremmo mai felici in mezzo a tanta sofferenza altrui.

Se non facessimo nulla per porre fine a questo male che affligge così tanto nostro fratello e, per inerzia, lo abbandonassimo, ci allontaneremmo da Dio, perché chi fa torto al figlio offende il Padre.

Offrire supporto al momento giusto

Non disprezzare il tuo prossimo
se non puoi aiutarlo concretamente.
Offrigli amore affinché si fortifichi e
continui il suo viaggio.

"Ama il tuo prossimo come te stesso", questo è l'insegnamento del Creatore. Proprio come il Padre ha chiesto, dobbiamo adempiere ai suoi comandamenti, perché solo così raggiungeremo la perfezione, ponendoci in una situazione privilegiata rispetto al mondo in cui viviamo.

Aiutare un fratello è di fondamentale importanza per la crescita di tutti perché le forze degli uomini unite si moltiplicano, portando giovamento a coloro che lottano insieme per una giusta causa, cioè trasformare l'umanità per ottenere una vita migliore.

Aiutare non significa solo donare qualcosa di materiale. È molto di più. È contribuire in modo sincero al progresso degli altri mediante le buone azioni, principalmente con l'amore, grazie al quale l'individuo trova la forza per superare tutti gli ostacoli che si presentano sul suo cammino, spesso un percorso lungo, arduo e molto faticoso.

Ha quindi bisogno del sostegno di tutti i fratelli che compongono le diverse famiglie qui sulla terra.

Se in questo momento qualcuno vicino a voi chiede a gran voce aiuto, non esitate, offrite soccorso, chiunque egli sia; In ogni caso, ciò che veramente conta è il supporto offerto al momento giusto perché il fratello si ritempri e acquisisca la forza necessaria per risolvere i suoi problemi.

Nostro Padre sarà immensamente contento di vedere la buona azione compiuta.

Il successo dell'economia di un Paese

Se i dispiaceri della vita ti travolgono, non ti scoraggiare, tutto passa. Sicuramente la normalità tornerà, riportando la pace e la felicità che meriti.

Al giorno d'oggi è molto difficile trovare qualcuno che non stia vivendo qualche tipo di difficoltà, soprattutto a livello finanziario, un fattore cruciale che opprime quasi tutta la popolazione del nostro pianeta.

Come sappiamo, la situazione è critica ma non senza speranza, c'è una soluzione. La gente dovrebbe unirsi nella ricerca di un'alternativa migliore per porre fine a questa sofferenza, iniziando col chiedere alle autorità competenti e al settore imprenditoriale nuove misure che permettano di orientare diversamente la nostra economia.

Risolvere questa situazione è una necessità per tutti, tenendo conto che la crisi non solo danneggia i poveri ma tutta la popolazione in generale, depauperandola e paralizzando così l'economia del paese.

Se non riusciremo a superare questo grande male nel breve termine, certamente lo faremo con il tempo, unendo i nostri sforzi, ma dobbiamo avere la fiducia e la serenità necessarie per trovare la strada giusta, cor-

reggendo alcune storture del sistema e, di conseguenza, cambiando in meglio il corso della nostra economia, arrivando così alla felicità e all'ottimismo tanto
sognati.

Saper vivere

Sarebbe inutile avere tutto
se ti mancasse la consapevolezza.

Il possesso di beni materiali è una cosa ambita da molte persone che pensano di trovarvi la felicità, come se la ricchezza fosse la cosa più importante qui sulla terra.

Il denaro ha la sua utilità ma da solo non garantisce il benessere a nessuno, bisogna avere equilibrio e, si sa, fare fatica per raggiungere qualsiasi obiettivo nella vita, soprattutto per progredire. È inutile accumulare molto, se non impariamo a vivere nel modo giusto.

Vivere bene non significa godere dei soli beni materiali. C'è bisogno di andare oltre, di distribuire amore e affetto al prossimo per avere la possibilità di trovare la pace a cui tutti noi aspiriamo.

Possiamo benissimo essere felici senza alcun bene materiale, purché si applichi alle nostre vite una saggia condotta sociale e si accetti la nostra condizione, questo è fondamentale per raggiungere il successo nel nostro cammino.

Infine, dobbiamo essere contenti di ciò che abbiamo e non di quello che pensiamo di poter ottenere più avanti.

Capire tutti

Vivere in armonia con i propri simili è più di una necessità, significa capire meglio gli altri e se stessi.

Sarebbe difficile per chiunque vivere del tutto isolato dai propri fratelli, considerando la natura eminentemente sociale dell'essere umano che non può vivere senza la complicità di chi gli sta intorno.

La fratellanza tra gli uomini è qualcosa di molto importante per una buona crescita, poiché procura alle persone un notevole benessere utile per raggiungere la realizzazione e, di conseguenza, per maturare, perché il genere umano unito è garanzia di pace e felicità.

L'unione e l'intesa tra gli uomini dipendono dalla volontà di ciascuno, attraverso di essa il cammino per raggiungere una coesistenza armoniosa tra le persone diventerà più breve, trasformando il mondo in un posto migliore per la specie umana, cosa che molti desiderano ma pochi contribuiscono a realizzare.

Nessuno può vivere disinteressandosi del prossimo perché abbiamo necessità di questa unione per una migliore ascesa morale e spirituale, non solo nostra, ma dell'intera comunità. Da ciò scaturisce l'armonia tra tutti coloro che compongono questo pianeta.

Le spine della vita

Cerca di accettare con gratitudine le difficoltà della vita,
poiché ti rendono più forte per continuare il viaggio.

Durante il nostro cammino troviamo una serie di intralci ma dipende dalla nostra volontà superali e trarre da essi l'insegnamento necessario per diventare più forti.

Una pendenza risolta è un'altra goccia di sangue nelle nostre vene: ci rinvigorisce per risolvere altre questioni, dato che, inevitabilmente, risolvendo la prima ci prepariamo alla definizione delle altre che verranno.

Voler vivere senza passare attraverso nessuna difficoltà è come nascere e non respirare, perché l'essere umano ha bisogno di entrambi per essere forte e poter vivere in sicurezza, altrimenti è destinato a morire in poco tempo.

Ad oggi non abbiamo notizia di persone che non siano passate attraverso qualche tipo di difficoltà finanziaria, familiare, etc., dimostrando che questo è il combustibile della vita, perché felice è colui che incontra un problema da risolvere, poiché senza ostacoli la vita diventerebbe monotona e condurrebbe persino al suicidio, a causa della mancanza di stimoli.

Soffrire per qualcosa non significa la fine di tutto, al contrario, è un ulteriore incentivo a raggiungere il successo nella vita. Sappiamo infatti che ciò che si è ottenuto senza impegno e senza lottare non ha lo stesso valore, essendo questo stemperato dalla stessa facilità della conquista.

Chi non si vuole fermare interpreta le difficoltà come una prova da superare per raggiungere la sommità della scala della vita. Non arriveremo mai in cima se non partendo dal basso, accettando gli ostacoli, consci che ci faranno soffrire ma ci prepareranno anche alla vittoria.

È necessario saper perdere

Quando qualcuno ti lascia, è perché si è stancato. Sarebbe un controsenso rimanere insieme per ritrovarti sfinito allo stesso modo.

Nessuno vuole essere abbandonato, tuttavia è necessario capire meglio le situazioni per acquisire l'esperienza necessaria per poter procedere in modo sicuro.

Se in questo momento la persona che hai amato tanto ti ha lasciato, non disperarti ma credi nell'Essere Superiore che ti darà il conforto necessario per superare il tuo dolore, facendoti ristabilire e trovare un nuovo affetto. L'amore è come l'erba che, se tagliata, crescerà di nuovo, ancora più vigorosa.

Sarebbe un errore da parte nostra tenere ad ogni costo qualcuno al nostro fianco, solo per soddisfare il nostro desiderio, quando sappiamo che è un rapporto destinato comunque a finire. Ci scopriremmo solo maggiormente disillusi, rischiando di cadere in depressione, tanto che potrebbe succedere di non ritrovare più la felicità di prima.

Libertà con responsabilità

*Libertà non è fare tutto quello che si può e si vuole,
ma condurre una vita dignitosa all'interno della società.*

Vivere liberi non significa fare quello che si preferisce
e si desidera, ma agire bene, rispettando tutte le regole
imposte dalla società, se l'obiettivo principale è quello
di far vivere gli uomini in completa armonia senza
causare alcun tipo di problema.

Alcune persone fraintendono il significato di libertà,
trasformandola in un espediente per praticare una serie
di atti scorretti che non hanno nulla a che vedere con il
suo contenuto, eludendo totalmente i principi basilari
coerenti al libero arbitrio.

Comportarsi bene è una necessità e un obbligo per tutti
gli esseri umani. Solo agendo in questo modo conqui-
steremo la nostra autonomia e di conseguenza la libertà,
bene prezioso e irrinunciabile, senza cui non potremmo
mai essere felici.

Essere liberi è la nostra più grande aspirazione ma va
usata a fin di bene, altrimenti ci verrà tolto il diritto di
scegliere, mettendoci in una situazione difficile, senza
poter più vivere all'interno della nostra comunità.

Il pensiero perfetto

*La perfezione non è in ciò che facciamo,
ma in quello che pensiamo di fare.*

La salute dell'essere umano è nella mente, perché è dall'armonia del corpo fisico e spirituale che dipende una vita tranquilla. Fare le cose senza pensare è come costruire senza un progetto, causando problemi e portando l'edificio a correre grandi rischi, perfino a crollare; quindi, è necessario pensare a tutto ciò che si deve fare.

Il pensiero non solo ci porta a raggiungere l'oggetto del sogno, ma ci offre anche la grande opportunità di analizzare la realtà in modo da poter tracciare il percorso corretto da seguire, senza causare alcun inconveniente.

Se immaginiamo il bene, non saremo mai portati a commettere malvagità, qualunque siano le circostanze, ma prevarrà la nostra intenzione di volere la cosa giusta.

Essere prudenti è della massima importanza per crescere, soprattutto riguardo al contenuto delle nostre riflessioni, che dovrebbe essere positivo, poiché la purezza dell'essere umano risiede nei suoi pensieri, dato da essi dipende la sua condotta morale.

La famiglia e le sue implicazioni

La famiglia è indispensabile per la definizione di un buon carattere, ad essa dobbiamo la nostra preparazione ad una vita di fratellanza con i nostri simili.

Il buon comportamento dell'uomo dipende dalla formazione ricevuta in famiglia.

È attraverso essa che l'uomo acquisisce la sua prima e più importante conoscenza della vita, qualcosa di indispensabile per un'esistenza equilibrata e felice durante tutto il suo percorso.

Essere vivi è solo l'inizio.

Ognuno dovrebbe formare il suo carattere, che ovviamente dovrebbe essere buono, perché solo allora raggiungeremo l'armonia al servizio di una causa più nobile, che è la pace nel mondo, di cui abbiamo tanto bisogno per poter continuare ad esistere.

Il Padre, oltre alla vita, ci ha dato anche una famiglia per renderci più forti, indirizzandoci sulla via del bene. Sta a noi mantenere questo obiettivo, senza nessun tipo di trasgressione che possa farci deviare dal compito che ci è stato affidato.

Se la nostra è una bella famiglia, possiamo renderla
ancora migliore amando le altre famiglie come se fossero nostre.

Certamente il rispetto e l'intesa regneranno, rendendoci tutti fratelli appartenenti allo stesso circolo di umanità che il Creatore desidera tanto.

La pazienza

*Essere pazienti significa volersi bene, perché questo
è uno dei requisiti primari per vivere più a lungo.*

Al giorno d'oggi è comune vedere persone che corrono
disorientate come una mandria di tori nel cercare di risolvere qualche situazione, anche se sanno che, agendo in
questo modo, accumuleranno stress e causeranno gravi
danni alla loro salute, tanto da poterne anche morire.

Non serve essere così impazienti di voler risolvere un
certo problema, sapendo che con la calma tutto si appianerà senza causare alcun logoramento alla persona
interessata ma semplicemente restando lucidi e analiz-
zando il modo migliore per affrontare la questione.

La fretta è nemica della perfezione, fa sì che non si ottenga nulla di buono, ci porta solo all'errore e provoca
frustrazione se non si riesce a superare la difficoltà che
si è presentata. Al contrario, con la calma si risolve-
rebbe tutto nel miglior modo possibile.

Perché vivere male, angosciati da ogni problema,
quando possiamo vivere bene insieme nonostante le
difficoltà che si presentano? Provate invece a mantenere la calma e la soluzione si presenterà in modo del
tutto naturale, mostrandovi la strada giusta, riportando-
vi la tranquillità che avevate perso.

Saper vivere con calma è qualcosa di molto importante per l'essere umano perché, oltre a fargli bene, genera tranquillità in coloro che incrociano il suo cammino, creando un ambiente sano per tutti e, di conseguenza, portando pace a chi vive nella nostra realtà sociale.

Chi ha troppa fretta non arriva alla meta e finisce vittima di qualche problema lungo la strada, ma procedendo a una velocità più moderata, tutto si appianerà, percorrerai interamente il tragitto prefissato in sicurezza, vivendo più a lungo e meglio.

Dire no alla depressione

*Non c'è una ragione per cui qualcuno si deprima
e se accade è sempre per mancanza di volontà
nell'affrontare i problemi.*

Il mondo in cui viviamo, di per sé, è già un problema.
Non pensate di essere nati solo per godere delle cose
buone di questa vita.

Se fosse così, questo pianeta sarebbe diverso e non ci
sarebbe tanta sofferenza per i suoi abitanti.

Voler passare attraverso una sorta di rassegnazione sarebbe davvero un atto di egoismo da parte di coloro
che sono qui e hanno come primo compito il raggiun-
gimento della loro elevazione morale e spirituale alla
ricerca di un futuro migliore. Senza questi presupposti,
infatti, non si arriverà mai a niente.

Deprimersi per una questione irrisolta è volersi para-
gonare ad un animale da lavoro messo in difficoltà
dalle sue attività ordinarie.

Ora, come potremmo disperarci sapendo in anticipo che
le difficoltà prima o poi ci verranno comunque incontro?

Sarebbe un controsenso ignorare tutto questo e iniziare a disperarci, dimostrando in questo modo la nostra debolezza e vigliaccheria di fronte agli ostacoli della vita.

Volere è potere, non importa il quando e nemmeno le circostanze, perché se uno vuole, niente è impossibile.

Il suicidio è codardia

Alcuni pensano che disincarnarsi sia la soluzione,
che grande menzogna!
Come puoi avere forza nel mondo spirituale
se ci arrivi stanco, portando sulle spalle il "peso" d
l cui non hai avuto la capacità di liberarti
qui sulla terra?

Non dobbiamo mai lamentarci delle difficoltà della vita ma accettarle per poterle superare e andare avanti verso una nuova esistenza, fondata sui risultati ottenuti con il coraggio e la voglia di passare oltre gli ostacoli. Senza queste qualità non andremo da nessuna parte.

Soffrire o anche solo lamentarsi per un problema, seppur grave, è un atto di debolezza e codardia, dal momento che si dovrebbero invece ricercare i mezzi necessari per risolvere le difficoltà, così tutto si appianerebbe senza causare disagio a nessuno.

Disincarnarsi non risolverà nulla, anzi, aggraverà ulteriormente i problemi della famiglia e ancor di più quelli dello spirito che è fuggito dalle sue responsabilità, peggiorando il suo karma, danneggiando la sua ascensione spirituale col ritardarla di molti, molti anni.

Ed è per questi ed altri motivi che bisogna saper dar senso alle situazioni della vita, attribuendo loro il giusto valore, e mai e poi mai aggiungere alle difficoltà l'aggravante di una soluzione fittizia, rendendole ancora più complicate, perché se si fa questo, sicuramente il piacere di vivere svanirà.

Errori e conquiste

La prigionia è dolorosa,
ma non toglie il diritto di vivere,
accettala ora per vincere poi.

Commettere un errore non è la fine di tutto ma l'inizio della consapevolezza di poter fare meglio. Sei l'unico in questa vita che ha fatto qualche sbaglio? Certo che no! Tu sarai certamente un'altra delle tante persone che hanno fatto un errore per imparare.

Se al momento gli errori commessi vi fanno soffrire, ricordate che domani è un altro giorno e tutto sarà utile per prepararsi a una nuova vita piena di armonia e felicità insieme a tutte le persone che vi circondano. A volte è necessario sbagliare per riuscire ad apprendere qualcosa in più.

Essere in prigione non significa aver rovinato tutto, tanto meno che la libertà ti sarà preclusa per sempre. Si tratta solo di soffrire in questo momento, sapendo che più avanti tutto passerà e che la tua situazione cambierà definitivamente per il meglio.

Il passerotto, dopo essere stato in gabbia, darà più valore al mondo una volta liberato e difficilmente tornerà in cattività.

Non può essere diverso per l'uomo: una persona sensata non commetterebbe mai gli stessi errori, lasciandosi condurre in una situazione detestabile, perdendo non solo la libertà, ma, soprattutto, la vita stessa, quanto di più sublime Dio gli ha donato.

La giustizia – Errori e conquiste

Tutto ciò che è opera della mano dell'uomo è imperfetto,
e per la giustizia non potrebbe essere diverso,
ma saremmo tutti molto infelici se non esistesse.

La possibilità di sbagliare è insita nell'essere umano e riguarda tutte le sue azioni, ma c'è anche chi cerca di fare la cosa giusta.

La giustizia è amministrata da uomini, perciò non può essere immune da errori e distorsioni. Pur con le migliori intenzioni, quando cerca di risolvere i problemi di sua competenza con la massima onestà e trasparenza possibile, non sempre riesce a raggiungere il suo obiettivo.

Quando la ragione non è affermata nella sua pienezza, come esigono il diritto e la giustizia, sarebbe impossibile che venisse in larga parte riconosciuta se non esistesse il potere giudiziario per far osservare i diritti e i doveri dei cittadini di una nazione.

Pertanto, se la giustizia umana, pur non raggiungendo la perfezione, ricevesse il nostro voto di fiducia per continuare ciò che già sta facendo e, uniti, cercassimo una soluzione migliore per il suo potenziamento, avremmo, una volta applicata, un cittadino libero e felice.

Le regole e la capacità di comprendere il popolo

Non arriveremo mai a niente senza cercare durante il nostro cammino di comprendere il prossimo.

Vivere in armonia con il nostro prossimo è qualcosa di essenziale per arrivare a un buon grado di elevazione e per vivere felicemente e a lungo con tutti coloro che fanno parte della nostra realtà, in una società più giusta, piena di pace e di felicità.

Se non cerchiamo di vivere in sintonia con i nostri fratelli, non arriveremo mai a niente, così come la nostra crescita sarà compromessa senza la giusta intesa fra coloro che compongono la nostra famiglia. Solo comprendendo questo l'umanità crescerà spiritualmente.

L'umanità necessita per la sua evoluzione anche di regole e della comprensione del popolo, fattori indispensabili per una buona formazione dei suoi membri, da cui deriva che ciò è essenziale per la costituzione della società.

La forza di volontà

Non pronunciare mai le frasi:
"non devo, non posso, non ce la faccio..."
perché fanno parte del dizionario dei perdenti.

Se si vuole, tutto si ottiene, a patto che ciò che si desidera si trovi fra quanto è possibile, cioè a portata dell'essere umano.

Se crediamo nel nostro potenziale, di certo raggiungeremo molti obiettivi e ci trasformeremo in vincitori, dal momento che sappiamo che otterranno la gloria solo coloro che ci credono e lottano.

Il successo è quanto di meglio può ottenere l'essere umano che grazie alla forza di volontà supera qualsiasi ostacolo, non importa quanto grande, posto sul cammino. Infatti, nulla ferma gli ottimisti dato che essi mirano solo alla realizzazione del loro obiettivo.

Tutti hanno le capacità per riuscire o le possono acquisire. Ciò che manca alle persone è la forza e il desiderio di vincere, elementi essenziali per raggiungere ciò che a cui tanto si aspira e che il più delle volte non si ottiene perché si è troppo arrendevoli o poco coraggiosi.

Quindi arriviamo alla conclusione che tutti sono forti, basta che ognuno voglia mettere in gioco la propria forza interiore.

La nostalgia

Se la nostalgia ti fa soffrire, non disperarti,
il tuo dolore così aumenterà di sicuro.

Vivere del passato è molto comune tra le persone, perché attraverso i ricordi cercano di minimizzare o paradossalmente di aumentare le loro sofferenze.

Ricorda le cose buone solo se ti danno ancora pace e benessere, perché i pensieri non dovrebbero mai portare tristezza e malinconia. La nostra mente serve a farci del bene, non del male.

Sentire la mancanza di qualcosa che non c'è più è comprensibile e accettabile nell'alveo della normalità, quello che non dobbiamo fare è permettere a questi ricordi di affiorare se ci causano problemi. L'essere umano ha il diritto di essere felice ma è necessario pensare positivo affinché le cose belle si realizzino.

Se viviamo solo di ricordi, è certo che la vita finirà prima di quanto pensiamo senza concludere nulla ed esclusivamente per colpa nostra, dato che non vogliamo vivere l'oggi, cioè la vita reale.

La riscoperta della bontà

*Le cose belle non si allontanano,
le incontreremo solo più avanti.*

Per godere di quanto c'è di bello e gioioso nel mondo bisogna rimanere al fianco di coloro che non solo ci credono, ma riversano anche questo flusso di positività a favore dell'umanità, facendo sì che tutti godano dei benefici dell'amore.

Unire le persone è qualcosa di fondamentale importanza per raggiungere un buon livello di relazione tra gli esseri umani, portandoci ad essere fratelli dei membri della nostra comunità, oltre a contribuire, in modo indiretto, al bene collettivo di un'intera nazione.

Vivere come fratelli è una necessità dell'uomo che non solo ci rende felici, ma permette di offrire al nostro prossimo attenzione e serenità, ottenendo come risultato finale la realizzazione di tutti, perché non potremo mai esserlo da soli.

Tutto quanto è bene non se ne andrà se cerchiamo di fare anche solo il minimo di quanto necessario per concretizzarlo, poiché la nostra evoluzione dipende più da noi che dalle circostanze e dagli altri.

Pertanto, è indispensabile l'elevazione morale e spirituale di tutti coloro che vogliono trasformare questo
mondo.

Le responsabilità e i doveri di ogni uomo

I diritti vanno di pari passo con i doveri,
perché da essi dipende la responsabilità individuale.

Un vero uomo, prima di ogni altra cosa, dovrebbe avere senso di responsabilità verso tutto ciò che fa, e anche verso ciò che ha omesso di fare, dal momento che gli viene chiesto un comportamento adeguato a vivere degnamente all'interno della società.

Il cittadino nel rivendicare i propri diritti non potrà disconoscere in nessuna circostanza quelli che appartengono ad un'altra persona, poiché la regola è semplice e chiara e afferma che i nostri diritti finiscono quando cominciano quelli degli altri. È infatti essenziale rispettare ed essere rispettati, così il valore di ognuno sarà naturalmente riconosciuto.

Come il diritto, il dovere è di fondamentale importanza per qualsiasi essere umano, poiché vanno di pari passo e non possono essere considerati separatamente.

Da ciò deriva la responsabilità dell'uomo di fare le cose correttamente e anche di pretendere che gli altri facciano lo stesso, perché solo in un quadro di buona condotta del cittadino si presentano insieme diritto, dovere e responsabilità.

NOTE SULL'AUTORE

Manuel roberto assunção, scrittore

È nato in Lagoa dos Gatos in Pernambuco - Brasile. Sposato vive con a sua famiglia a Garanhuns – PE.

Laureato in giurisprudenza, esercita la professione di avvocato in ambito civile e del lavoro dal 1990.

È stato Pubblico Ufficiale dal 2005 al 2013, esercitando le funzioni di Segretario di Amministrazione Comunale e Conciliatore di PROCON-PE.

Ha pubblicato quattordici libri e membro dell'Accademia di lettere di Garanhuns - PE.

BIBLIOGRAFIA DELL'AUTORE

- Como Superar Obstáculos;
- Drogas, Jamais!;
- Bem-aventurados;
- Pensamentos;
- Drogas - Dias de Suplício!;
- Os Dez Mais;
- O Refúgio em Deus;
- Um ser Denominado Mãe;
- 501 Pensamentos Sintonizados em Deus;
- Assim Venceremos;
- Eu, Você e o Pai;
- A sabedoria de um homem;
- Vencer, ou Vencer e
- Mensagens de Amor, Fé e Esperança.

Autrice della prefazione e Traduttrice

Simona Adivíncula, scrittrice, romanziera, poetessa, nasce a Salvador de Bahia in Brasile, è naturalizzata italiana e vive a Milano con il marito e la figlia.

Molto conosciuta e apprezzata, scrive da 25 anni; ha ben 15 libri pubblicati in diverse lingue e ha venduto migliaia di copie.

Membro dell'Accademia di Cultura di Bahia; ha fondato ed è responsabile del gruppo *"Escritores brasileiros na Italia"*.

È membro del Rotary Club of Latinoamerica.

È la rappresentante di Edizioni We in Brasile.

PER IL BENE

L'Autore, invita tutti i suoi lettori a conoscere
e supportare con donazioni l'associazione:
"Il sorriso dei miei bimbi"
che opera da anni all'interno della più grande favela
del Sudamerica ovvero "la Rocinha" di Rio de Janeiro.

Sul web e sui social potrete conoscere tutte le attività
di questa associazione e trovare i recapiti necessari per
far donazioni o collaborare ai loro progetti.